Stephen Janetzko:

Zähl mit uns die Jahreskinder - 30 Kinderlieder durch die Jahreszeiten

Das Liederbuch mit allen Texten, Noten und Gitarrengriffen
zum Mitsingen und Mitspielen

Neue Kinderlieder von und mit Stephen Janetzko & Freunden.

Zu diesem Liederbuch ist separat ein Download/Streaming-Album erschienen.

www.kinderliederhits.de
Alle Lieder verlegt bei Edition SEEBÄR-Musik Stephen Janetzko, Erlangen
Coverillus/Illustrationen: Petra Lefin - Covergrafik: Stephen Janetzko
Notensatz, Fotos, grafische Vorbereitung und Idee: Stephen Janetzko

ISBN 978-3-95722-585-6
ePDF-ISBN 978-3-95722-865-9

Inhaltsverzeichnis

Zähl mit uns die Jahreskinder

Text und Musik: Stephen Janetzko; CD "Kindertanz - beweg dich ganz!"

Refrain: Frühling, Sommer ...

2.
4-5-6, merk dir diesen Text!
4, ja, das ist der April
5 der Mai, du weißt schon viel!
6, das ist der Juni, klar,
und schon ist auch der Sommer da!

Refrain: Frühling, Sommer ...

3.
7-8-9, du bist nicht allein!
7 ist der Juli dann
8 August, hey, du bist dran!
9 September, das ist klar,
und schon ist auch der Herbst dann da!

Refrain: Frühling, Sommer ...

4.
10-11-12, frag mich, und ich helf!
10, Oktober, bald ist Schluss,
11, November, schönen Gruß!
12, Dezember, das ist klar,
und schon ist auch der Winter da!

Refrain: Frühling, Sommer ...

Spielanregung:
Z.B. Jahres-Kreistanz mit Außen- und Innenkreis. Alle stehen zunächst im Kreis und singen den ersten Refrain. Zu den Strophen werden die Monatszahlen mit den Fingern angezeigt, gleichzeitig können zu Beginn der Strophe je 3 Kinder abgezählt werden. Diese können dann auch zu den jeweiligen Liedzeilen aufstehen bzw. vortreten.
Beim 2. Refrain bilden sie dann einen Innenkreis, beide Kreise bewegen sich in Gegenrichtung umeinander.
Bei der 2. Strophe kommen 3 weitere Kinder hinzu usw.

Schneeflocken, wippediwapp

Text und Musik: Lucia Ruf und Stephen Janetzko

Refrain:
Schneeflocken, wippediwapp,
sie fall'n vom Himmel herab.
Schneeflocken wirbeln herum,
dideldi-dideldi-dum.

1. Sie tanzen und tanzen auf und ab,
sie tanzen und tanzen, wippediwapp.
Sie tanzen und tanzen auf und ab,
sie tanzen und tanzen vom Himmel herab.

Refrain: Schneeflocken, wippediwapp ...

2. Sie drehen sich und drehen sich auf und ab ...

3. Sie fliegen und fliegen auf und ab ...

4. Sie hüpfen und hüpfen auf und ab ...

5. Sie gleiten und gleiten auf und ab ...

Usw.

Hey, hallo, guten Morgen!

- Morgen-Begrüßungs-Mitmachlied -

Text und Musik: Stephen Janetzko; CD "Kinderlieder für den Morgenkreis"

Refrain.

2. Ab geht es in den Kindergarten,
wo meine Freunde auf mich warten.
Ich spring die ganze Zeit herum,
da ist der Vormittag schnell um!

Refrain.

3. Den ganzen Tag nur gute Laune,
so dass ich selbst darüber staune (ohh!)
In meinem Herzen Sonnenschein -
so soll es alle Tage sein!

Refrain.

Spielhinweis:
Hier können wir zu jeder Zeile eine Bewegung machen! Lasst euch was einfallen! Mein Vorschlag:
Refrain: Die ersten beiden Zeilen winken, dann auf der Stelle gehen, letzte Zeile beide Daumen hoch. Oder z.B. winken, mitklatschen, zum Schluss Muskeln zeigen.
1. Strophe: gähnen, Zähne putzen, anziehen, essen.
2. Strophe: auf der Stelle laufen, Kopf in Wartehaltung in Hände legen, springen, auf (imaginäre) Uhr am Handgelenk deuten.
3. Strophe: Mundwinkel mit den Zeigefingern nach oben ziehen, Mundwinkel mit den Zeigefingern zusammendrücken (Fischmäulchen), Hand aufs Herz, beide Daumen hoch.

Das ist das Jahr (Die Monate)

Text und Musik: Stephen Janetzko; CD "Viele schöne neue Kinderlieder"

Tempo: ca. 168

Januar, Februar, März
öffnen uns das Herz.
April, Mai und Juni
bin ich fit und ruh' nie!
Juli und August
hab ich keinen Frust.
September und Oktober,
November und Dezember.
Wie es auch war:
Das ist das Jahr!

Wenn der Frühling kommt

Text: Stephen Janetzko; Musik: Lucia Ruf und Stephen Janetzko;

Tempo: ca. 138

1. Wenn der allererste Krokus sprießt
und ich jeden Sonnenstrahl genieß,
wenn ich draußen wieder spielen kann,
sag mir, welche Jahreszeit ist dann?

Refrain:
Frühling kommt, wenn die Blüten blüh'n,
Frühling kommt, das ist wunderschön.
Frühling kommt, Frühling kommt,
wenn der Frühling kommt.

2. Springt der Osterhase übers Feld;
lebe ich so gern auf dieser Welt.
Auf der Schaukel, was ein Riesenspaß!
Barfuß laufen durch das frische Gras...

Refrain: Frühling kommt, wenn die Blüten blüh'n...

3. Amsel, Drossel, Fink und auch der Star,
alle Vögel sind schon wieder da!
Und ich seh den ersten Schmetterling,
während ich dies schöne Liedchen sing...

Refrain: Frühling kommt, wenn die Blüten blüh'n...

Das Wetter-Anzieh-Lied (Unser Wetterlied)

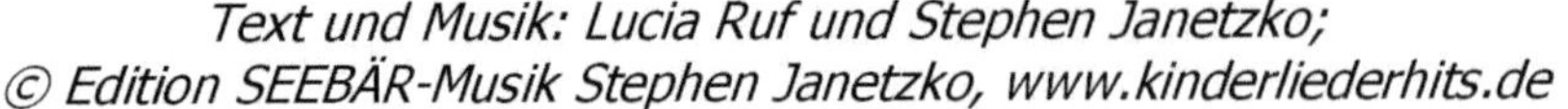
Text und Musik: Lucia Ruf und Stephen Janetzko;
© Edition SEEBÄR-Musik Stephen Janetzko, www.kinderliederhits.de

1. Wir schauen jetzt zum Fenster raus.
Na, wie sieht das Wetter aus?
Was müssen wir jetzt anziehn,
bevor wir draußen spielen gehen?
Hei, hei, hei, die Matschhose ist dabei.
Hei, hei, hei, die Matschhose ist dabei.
Ob Regen oder Sonnenschein,
wir gehen gerne raus.
Wir wollen immer draußen sein
und toben uns richtig aus.

Hinweis:
Für jede Jahreszeit einsetzbar, einfach immer mit passenden Kleidungsstücken singen!

Z.B. weitere Strophen Frühling/Herbst:
1. Die Matschhose ...
2. Die Gummistiefel ...
3. Die Jacke ...
4. Die Mütze ...
5. Das Halstuch ...

Z.B. weitere Strophen Sommer:
1. Die Cappie ...
2. Die Sandalen ...
3. Der Sonnenhut ...
4. Die Sonnenbrille ...
5. Die Sonnencreme ...

Z.B. weitere Strophen Winter:
1. Die Stiefel ...
2. Der Schneeanzug ...
3. Der Schal ...
4. Die Handschuhe ...
5. Die Mütze ...

Augen Ohren Nase (Alle meine Sinne)

Text und Musik: Stephen Janetzko; CD "Viele schöne neue Kinderlieder"

Tempo: ca. 148

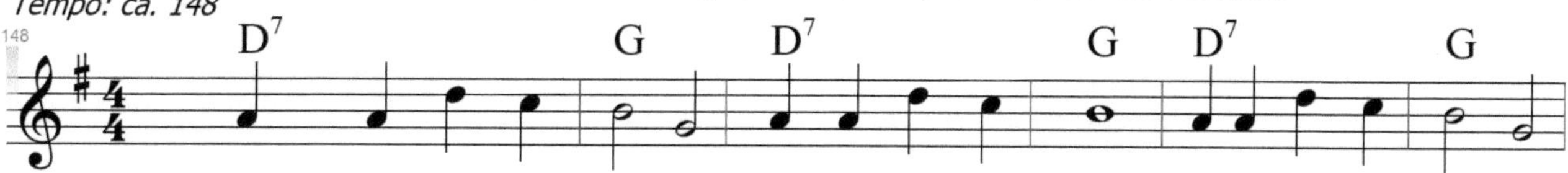

Refrain: Augen, Ohren, Nase...

2. Ich kann hören, hören, hören,
dazu sind die Ohren da.
Und ich höre, höre, höre
Alle Töne, hell und klar.
Refrain: Augen, Ohren, Nase...

3. Ich kann riechen, riechen, riechen,
dazu ist die Nase da.
Und ich rieche, rieche, rieche
Alle Düfte, fern und nah.
Refrain: Augen, Ohren, Nase...

4. Ich kann schmecken, schmecken, schmecken,
dazu ist die Zunge da.
Und ich schmecke, schmecke, schmecke
süß und sauer, wunderbar.
Refrain: Augen, Ohren, Nase...

5. Ich kann fühlen, fühlen, fühlen,
dazu ist die Haut ja da.
Und ich fühle, fühle, fühle
von den Zehen bis zum Haar.
Refrain: Augen, Ohren, Nase...

6. Ich kann sehen, hören, riechen,
ich kann schmecken und ich fühl.
Es ist schön in meinem Körper,
so ein warmes Wohlgefühl.
Refrain: Augen, Ohren, Nase...

Spielanregung:
Im Refrain zeigen wir beim Singen mit den Zeigefingern auf die jeweils genannten Sinnesorgane (bei "Haut" den ganzen Körper von oben runter und wieder hoch, oder leichter einfach Hände reiben oder "Gesicht waschen")
In der 2. Hälfte des Refrains auf "Alle meine Sinne" sich selbst umarmen, zu "sie sind mir vertraut" 3x klatschen.
In den Strophen zeigen wir mit den Händen, was man mit den Sinnen jeweils macht.
Für jedes Sinnesorgan gibt es dabei eine eigene Strophe:
Sehen - Hände waagerecht vor die Stirn halten, als ob wir in die Ferne sehen.
Hören - Hände an die Ohren halten, als würden wir diese vergrößern.
Riechen - Hände an Nasenflügel halten, als würden wir diese verlängern.
Schmecken - Hände zum Mund führen, als wollten wir die Fingerspitzen essen.
Fühlen - Erst streichen wir über unsere Hände, dann einmal den ganzen Körper von unten nach oben.
In der 2. Hälfte 6. Strophe können wir uns selbst umarmen und wohlig mit uns selbst kuscheln (im Refrain und in der 6. Strophe sind alle Sinne komplett vertreten).
An das Lied kann sich auch ein Gespräch über die Sinne anschließen, in dem die Kinder gefragt werden, was sie alles sehen können (Menschen, Tiere, Autos, Dinge...), hören können (Gespräche, Musik, Geräusche, Tierlaute, Klingeln...), riechen können (Früchte, Kräuter, Aromen, Essen und Trinken, Menschen, Wald...), schmecken können (Geschmacksrichtungen: süß, sauer, salzig, bitter, zusammenziehend...), fühlen können (weich, fest, flüssig, leicht, schwer, angenehm...).
Oder was wir mit den Sinnesorganen noch machen können (z.B. atmen, Luft filtern, Schweiß absondern...)

Seifenblasen schweben

Text und Musik: Lucia Ruf mit Stephen Janetzko

1. Fünf Seifenblasen schweben hinauf,
sie tanzen eine Weile,
doch patsch... löst eine sich auf!

2. Vier Seifenblasen schweben hinauf,
sie tanzen eine Weile,
doch patsch... löst eine sich auf!

3. Drei Seifenblasen schweben hinauf,
sie tanzen eine Weile,
doch patsch... löst eine sich auf!

4. Zwei Seifenblasen schweben hinauf,
sie tanzen eine Weile,
doch patsch... löst eine sich auf!

5. Eine Seifenblase schwebt hoch hinauf,
sie tanzt noch eine Weile,
doch patsch... auch sie löst sich auf!

6. Keine Seifenblase schwebt hoch hinauf,
sie tanzt auch keine Weile
und pssst... sie löst sich nicht auf.

7. Doch nach einer Weile kehr'n sie zurück
und tanzen dann zusammen
zur Seifenblasen-Musik.

April, April (der weiß nicht, was er will)

Text: Stephen Janetzko (mit volkstümlichen Anteilen); Musik: Stephen Janetzko; CD "Stark wie ein Baum" © Edition SEEBÄR-Musik Stephen Janetzko, www.kinderliederhits.de

1. April, April, der weiß nicht, was er will.
Bald schaut der Himmel trübe drein,
bald Regen und bald Sonnenschein.
April, April, der weiß nicht, was er will.

2. April, April, der weiß nicht, was er will.
Am Monatsersten mancher Scherz
und gar die Lüge freut das Herz.
April, April, der weiß nicht, was er will.

Spielanregung:
Ein kleines aber feines April-Lied. Zur ersten und letzten Zeile klatschen wir mit (wir können uns auch dazu im Kreis drehen). Mittelteil: Zu "Bald schaut..." blicken wir in den Himmel (flache Hand waagerecht vor die Stirn führen und nach oben schauen). Dann lassen wir mit unseren Fingern imaginären Regen herunterrieseln und malen eine Sonne.
Zum Schluss wieder klatschen.
In der 2. Strophe im Mittelteil schelmisch grinsen und dann Hände aufs Herz legen.

Hinweis: O.g. CD enthält nur die 1. Strophe.

Spiel mal mit dem Becher (Becher-Song)

Tempo: ca. 120 *Text: Nicole Knorr/Stephen Janetzko/Richard Haus; Musik: Stephen Janetzko;*
© Edition SEEBÄR-Musik Stephen Janetzko, www.kinderliederhits.de

1. Spiel mal mit dem Becher und zwar ganz genau im Takt.
Alle machen mit, denn allein ist doch beknackt.
Spiel mal mit dem Becher, denn der Becher ist der Clou:
Oben ist er offen, hey, und unten ist er zu,
oben ist er offen, hey, und unten ist er zu.

2. Tipp mal mit den Fingern und zwar ganz genau im Takt...
3. Klopf mal mit den Knöcheln...
4. Schieb doch mal den Becher...
5. Lass den Becher kreisen...
6. Sing mal in den Becher...
7. Spiel mal mit der Kante...
8. Spiel doch mal ganz leise...
9. Spiel doch etwas lauter...

Es sind viele weitere Strophen denkbar - sie können
beliebig getauscht, ergänzt und erweitert werden,
hier weitere mögliche Vorschläge:
- Dreh doch mal den Becher und zwar ganz genau im Takt...
- Klopf mal auf den Becher und zwar ganz genau im Takt...
- Puste übern Becher und zwar ganz genau im Takt...
- Spiel mal mit dem Daumen (Zeigefinger etc.)
 und zwar ganz genau im Takt...
- Becher aneinander und zwar ganz genau im Takt...
- Klatsch den Becher, klatsch die Hände ganz genau im Takt... *
- Heb den Becher, stell den Becher ganz genau im Takt... *
- Kipp den Becher, stell den Becher ganz genau im Takt... *

* Bei den letzten 3 Varianten bitte in der dritten Zeile
„denn das ist der Clou" singen, damit die Textverteilung aufgeht.

Frau Sonne und Herr Regen

Text: Kati Breuer/Stephen Janetzko; Musik: Stephen Janetzko;

1. Wenn Frau Sonne und Herr Regen sich begegnen,
muss es auch im Sommer ab und zu mal regnen
und Frau Sonne malt mit ihrer gold'nen Hand
bunte Farben auf die graue Regenwand
und Frau Sonne malt mit ihrer gold'nen Hand
bunte Farben auf die graue Regenwand.

2. Eine Brücke aus den allerschönsten Farben
kann das Wunder aus dem Himmel zu uns tragen.
Alle Menschen bleiben ganz verzaubert steh'n,
dieser Regenbogen ist so wunderschön,
alle Menschen bleiben ganz verzaubert steh'n,
dieser Regenbogen, er ist wunderschön.

Liebe Sonne, scheine wieder

Text: Hoffmann v. Fallersleben; Musik: Stephen Janetzko; CD "Viele schöne neue Kinderlieder"

Liebe Sonne, scheine wieder,
schein die düstren Wolken nieder!
Komm mit deinem goldnen Strahl
wieder über Berg und Tal!
Trockne ab auf allen Wegen
überall den alten Regen!
Liebe Sonne, lass dich sehn,
dass wir können spielen gehn!

Hinweis: G-Dur

Liebe Sonne, scheine wieder

Text: Hoffmann v. Fallersleben; Musik: Stephen Janetzko; CD "Viele schöne neue Kinderlieder"

Liebe Sonne, scheine wieder,
schein die düstren Wolken nieder!
Komm mit deinem goldnen Strahl
wieder über Berg und Tal!
Trockne ab auf allen Wegen
überall den alten Regen!
Liebe Sonne, lass dich sehn,
dass wir können spielen gehn!

Hinweis: C-Dur

Die liebe, liebe Sonne

Kanon 4-stimmig

Text und Musik: Stephen Janetzko

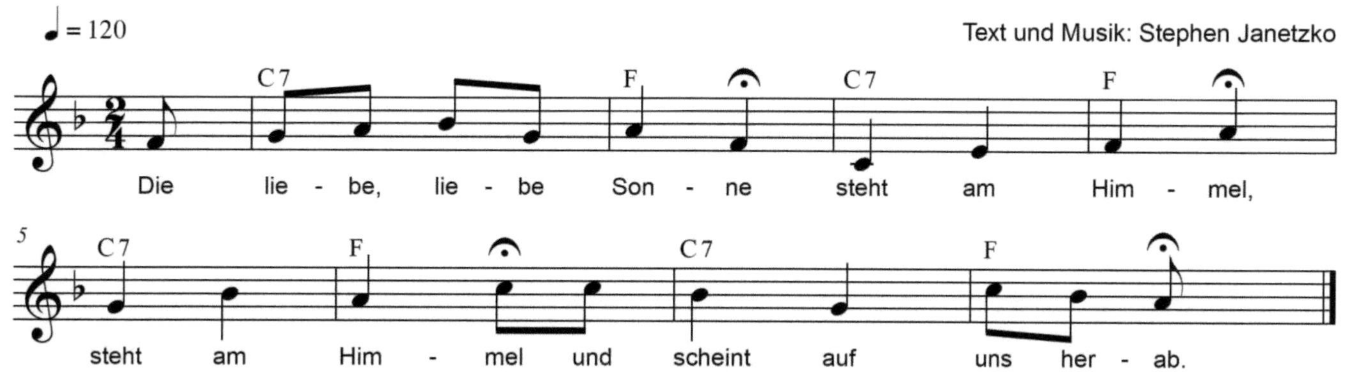

Die liebe, liebe Sonne
steht am Himmel,
steht am Himmel
und scheint auf uns herab.

Und jetzt geht's los
(Wir singen und bewegen uns)

Text: Lucia Ruf mit Stephen Janetzko; Musik: Lucia Ruf mit Stephen Janetzko und Taato Gomez

Refrain:
Wir singen und bewegen uns,
das macht fit und tut uns gut.
Wir singen und bewegen uns
und jetzt geht's - los!

1. Arme hoch, so richtig weit.
Beine schütteln, das geht leicht.
Schultern kreisen hin und her.
Popo wackelt, bitte sehr.
Refrain: Wir singen und bewegen uns....

2. Joggen wir ein kleines Stück.
Hüpfen, hüpfen, so ein Glück!
Drehen uns ganz schnell im Kreis.
Uiuiui, uns wird ganz heiß!
Refrain: Wir singen und bewegen uns....

3. Fahrradfahr'n, Pedale treten,
Schneller flitzen wie Raketen.
Schwimmen, schwimmen Bahn um Bahn,
Luft anhalten, Tauchergang.
Refrain: Wir singen und bewegen uns....

4. Dreh dich mal dem Nachbarn zu
„Hallo, wie geht's dir denn so?"
Alle winken sich kurz an,
fang'n direkt zu lachen an.

Refrain: Wir singen und bewegen uns,
das macht fit und tut uns gut.
Wir singen und bewegen uns
und jetzt ist - Schluss!

Sommer, Sonne, Sonnenschein

Text und Musik: Stephen Janetzko;

Refrain:
Sommer, Sonne, Sonnenschein,
das lässt mich glücklich sein.
Sommer, Sonne, Sonnenschein,
Ferien sind fein.
Sommer, Sonne, Sonnenschein,
was könnte schöner sein?
Sommer, Sonne, Sonnenschein,
Urlaub muss sein.

1. Es ist so heiß, mir rinnt der Schweiß.
Es ist so heiß, mir rinnt der Schweiß.

Refrain: Sommer, Sonne, Sonnenschein...

2. Ab in den Pool, das find ich cool.
Ab in den Pool, das find ich cool.

Refrain: Sommer, Sonne, Sonnenschein...

3. Baden ist schön, will schwimmen geh'n.
Baden ist schön, will schwimmen geh'n.

Refrain: Sommer, Sonne, Sonnenschein...

4. Ich hab erkannt, ich brauche Sand!
Ich hab erkannt, ich brauche Sand!

Refrain: Sommer, Sonne, Sonnenschein...

5. Schön ist das Meer, ich möchte mehr!
Schön ist das Meer, ich möchte mehr!

Refrain: Sommer, Sonne, Sonnenschein...

6. Immer noch heiß, jetzt gibt es Eis!
Immer noch heiß, jetzt gibt es Eis!

Alle gehen jetzt nach Haus

- Kita-Schlusslied -

Text: Rolf Krenzer; Musik: Stephen Janetzko;

Refrain: Alle gehen jetzt nach Haus. Türen auf und dann hinaus!
Denn für heute, liebe Leute, ist die Kita wieder aus,
denn für heute, liebe Leute, ist die Kita wieder aus,

1. Tolle Spiele, schöne Lieder haben solchen Spaß gemacht,
ja, wir haben froh gesungen und dazu noch laut gelacht.
Refrain: Alle gehen jetzt nach Haus...

2. Schöne spannende Geschichten waren heute wieder dran
und wir guckten uns die Bilder in den Bilderbüchern an.
Refrain: Alle gehen jetzt nach Haus...

3. "Morgen wolln wir wieder turnen!", hören wir noch, wenn wir gehn.
Und dann sagen wir zusammen alle laut "auf Wiedersehn!"
Refrain: Alle gehen jetzt nach Haus...

4. Vorsicht, Leute, wenn ihr heute euch auf euren Heimweg macht,
seht euch um nach allen Seiten und gebt auf der Straße acht!
Refrain: Alle gehen jetzt nach Haus...

Eidechse Alexa

Text und Musik: Lucia Ruf mit Stephen Janetzko;

Tempo: ca. 120

2. Wer braucht die Sonne auf dem Bauch?
Die Eidechse Alexa.
Sonst wird ihr kalt, dann friert sie auch.
Die Eidechse Alexa.

Refrain.

3. Wer hat ein braun-grün Kleidchen an?
Die Eidechse Alexa.
Und flitzt gern an der Wand entlang -
die Eidechse Alexa.

Refrain.

Zappelzappelfinger

Text und Musik: Stephen Janetzko; CD "Kinderlieder für den Morgenkreis"

Hinweis: als Fingerspiel-Lied, das zugleich das altbekannte Fingerspiel „Das ist der Daumen" enthält.
Die Strophen werden kumulativ gesungen, d.h. es werden immer die vorangegangenen Strophen wiederholt, so dass mit jeder Strophe ein Finger dazukommt.
Fingerbewegungen:
Refrain: Zappelzappelfinger -> alle Finger zappeln
Zappeln ist nicht schwer! -> mit dem Zeigefinger „nein" anzeigen
Zappelzappelfinger -> alle Finger zappeln
zappelt, bitte sehr! -> Hände zusammenlegen (Hände „beten" wie Albrecht Dürer)
In den Strophen jeweils mit den benannten Fingern einzeln zappeln.

Schlussrefrain:
Zappelzappelfinger,
Zappeln ist nicht schwer!
Zappelzappelfinger,
zappeln jetzt nicht mehr!

Tschakka, du schaffst es!

Text und Musik: Stephen Janetzko; CD "Viele schöne neue Kinderlieder"

Refrain.

2. Wenn du manchmal traurig bist, dann fackle ich nicht lang!
Ich häng meine besten Engel einfach an dich dran!
Und im Ohr ein Knistern... Hörst du es leise wispern?
Refrain.

3. Bist du hilflos, ohne Mut, dann zögre ich kein Stück!
Ich schick meine besten Engel nur zu deinem Glück!
Und im Ohr ein Knistern... Hörst du es leise wispern?
Refrain.

Schultütentanz (Lied zur Einschulung)

Text und Musik: Stephen Janetzko;

1. Dass ich in die Schule geh - ja, ja, ja!
Und da meine Freunde seh - ja, ja, ja!
Ich hab meinen Schulranzen - das ist klar!
Doch noch etwas anderes ist wunderbar,
ja, noch etwas anderes ist wunderbar!

Refrain:
Meine Güte, diese tolle Tüte,
diese volle Tüte, die ist mein!
Meine Güte, diese tolle Tüte
und dann werde ich ein Schulkind sein!

2. Lehrer oder Lehrerin? Ja, ja, ja!
Dass ich erste Klasse bin - ja, ja, ja!
Ich will etwas lernen, ja, das ist klar!
Doch noch etwas anderes ist wunderbar,
ja, noch etwas anderes ist wunderbar!

Refrain:
Meine Güte, diese tolle Tüte,
diese volle Tüte, die ist mein!
Meine Güte, diese tolle Tüte
und dann werde ich ein Schulkind sein!

Tiere im Herbst-Lied

Text und Musik: Lucia Ruf, Christoph Metzger, Stephen Janetzko

2. Der Igel krabbelt durch das Laub,
während er ganz müde schaut.
Krabbelt hin, krabbelt her,
frisst einen Wurm und freut sich sehr.
Krabbelt hin, krabbelt her,
frisst einen Wurm und freut sich sehr.

3. Der Hase hoppelt übers Feld,
weil ihm das so gut gefällt.
Hoppelt hin, hoppelt her,
knabbert die Möhre, freut sich sehr.
Hoppelt hin, hoppelt her,
knabbert die Möhre, freut sich sehr.

5. Die Tiere schlafen tief und fest,
schön ist es in ihrem Nest.
Schlummern tief, sind versteckt,
gut, dass der Fuchs sie nicht entdeckt.
Schlummern tief, sind versteckt,
gut, dass der Fuchs sie nicht entdeckt.

Hinweis: Strophe 4 ist in moll gesetzt, kann aber, wenn es zum Einüben einfacher ist, auch in Dur wie die anderen gesungen werden. Strophe 5 in jedem Fall wieder in Dur.

Kleines Halloween-Lied

Text und Musik: Stephen Janetzko

Schau ich heute aus dem Fenster,
seh' ich überall Gespenster.
Und ich denke: Scheibenkleister!
Was woll'n nur die ganzen Geister,
die da um die Häuser zieh'n?
Ach, es ist ja Halloween!

Laternenleuchten

Text: Andrea Thiel; Musik: Stephen Janetzko;

Tempo: ca. 112

Refrain (2x):
Laternen leuchten,
Laternen leuchten hell!
Komm, mach ein Feuer,
komm, mach ein Feuer schnell!

1. Ich hab ein Licht, ich hab es aufgestellt.
Ruft auf zum Frieden, zum Frieden in der Welt.
Ich hab ein Licht, ich hab es aufgestellt.
Ruft auf zum Frieden, zum Frieden in der Welt.

Refrain: Laternen leuchten...

2. Ich hab ein Licht, ich hab es aufgestellt.
Ruft auf zur Hilfe; zur Hilfe für die Welt. (2x)

Refrain: Laternen leuchten...

3. Ich hab ein Licht, ich hab es aufgestellt.
Ruft auf zur Freundschaft, zur Freundschaft in der Welt. (2x)

Refrain: Laternen leuchten...

4. Ich hab ein Licht, ich hab es aufgestellt.
Ruft auf zur Liebe, zur Liebe in der Welt. (2x)

Refrain: Laternen leuchten...

5. Ich hab ein Licht, ich hab es aufgestellt.
Ruft auf zur Freude, zur Freude für die Welt. (2x)

Refrain: Laternen leuchten...

Martin, Martin, Martinsmann

Text und Musik: Stephen Janetzko;

2. Denn der Bettler friert so sehr,
friert so sehr, friert so sehr.
Denn der Bettler friert so sehr, friert so sehr.

3. Teil den Mantel mit dem Schwert,
mit dem Schwert, mit dem Schwert.
Teil den Mantel mit dem Schwert, mit dem Schwert.

4. „Danke, danke, dankeschön,
dankeschön!" „Gern gescheh'n."
„Danke, danke, dankeschön!" „Gern gescheh'n."

5. Die Laternen leuchten weit,
leuchten weit, leuchten weit.
Die Laternen leuchten weit, leuchten weit.

6. Martin, Martin, Martinsmann
Martinsmann, geh voran.
Martin, Martin, Martinsmann, geh voran.

Kleiner Stern

Text und Musik: Lucia Ruf und Stephen Janetzko

Tempo: ca. 116

1. Kleiner Stern,
ich hol Papier, hol Papier, hol Papier.
Kleiner Stern,
ich hol Papier, hol Papier.
Lalala ...

2. Kleiner Stern,
ich mal dich auf, mal dich auf, mal dich auf.
Kleiner Stern,
ich mal dich auf, mal dich auf.
Lalala ...

3. Kleiner Stern,
ich schneid dich aus, schneid dich aus, schneid dich aus.
Kleiner Stern,
ich schneid dich aus, schneid dich aus.
Lalala ...

4. Kleiner Stern,
ich mal dich an, mal dich an, mal dich an.
Kleiner Stern,
ich mal dich an, mal dich an.
Lalala ...

5. Kleiner Stern,
du bist so schön, bist so schön, bist so schön.
Kleiner Stern,
du bist so schön, bist so schön.
Lalala ...

6. Kleiner Stern,
ich hab dich lieb, hab dich lieb, hab dich lieb.
Kleiner Stern,
ich hab dich lieb, hab dich lieb.
Lalala ...

Schau, die Kerze leuchtet

Text und Musik: Stephen Janetzko;

2. Schau, die Kerze leuchtet zum zweiten Advent!
Schau, die Kerze leuchtet zum zweiten Advent!
So hell brennt das Licht und wärmt mein Gesicht.
So hell brennt das Licht und wärmt mein Gesicht.
Schau, die Kerze leuchtet zum zweiten Advent!

3. Schau, die Kerze leuchtet zum dritten Advent!
Schau, die Kerze leuchtet zum dritten Advent!
So hell brennt das Licht und wärmt mein Gesicht.
So hell brennt das Licht und wärmt mein Gesicht.
Schau, die Kerze leuchtet zum dritten Advent!

4. Schau, die Kerze leuchtet zum vierten Advent!
Schau, die Kerze leuchtet zum vierten Advent!
So hell brennt das Licht und wärmt mein Gesicht.
So hell brennt das Licht und wärmt mein Gesicht.
Schau, die Kerze leuchtet zum vierten Advent!

5. Schau, die Kerze leuchtet zur Heiligen Nacht!
Schau, die Kerze leuchtet zur Heiligen Nacht!
So hell brennt das Licht und wärmt mein Gesicht.
So hell brennt das Licht und wärmt mein Gesicht.
Schau, die Kerze leuchtet zur Heiligen Nacht!

Weihnachten ist bald (Jingle Bells)

Text: Stephen Janetzko; Musik: trad./Bearbeitung: Stephen Janetzko

1. Wir fahren durch den Schnee, grad wie es uns gefällt.
Schnee, wohin ich seh, weiße Winterwelt.
Du steigst zu uns herauf, die Glocke klingt von fern.
Ich hab den Duft von Mandeln und von Lebkuchen so gern.

Refrain:
Weihnachten, Weihnachten, Weihnachten ist bald!
Welch ein Spaß! Wir fahren durch den Winterwunderwald!
Weihnachten, Weihnachten, Weihnachten ist bald!
Welch ein Spaß! Wir fahren durch den Winterwunderwald!

2. Oh, was ein schöner Tag! Wir liegen uns im Arm!
Es ist so bitter kalt, doch innen drin ganz warm.
Mein schönster Weihnachtstraum ist Frieden für die Welt.
Und Santa Claus, der sagt: Na klar, das wird sogleich erfüllt!

Refrain: Weihnachten, Weihnachten, Weihnachten ist bald...

3. Genießen wir die Fahrt, der Schlitten fährt ganz sacht.
Die Bäume grüßen stumm in der Weihnachtsnacht.
Zu fahren, das macht Spaß, es rieselt leis der Schnee.
Wir freuen uns, dass Winter ist, und trinken Weihnachtstee!

Refrain: Weihnachten, Weihnachten, Weihnachten ist bald...

Lieber Winter, lass es schneien

Text: Lucia Ruf und Stephen Janetzko; Musik: Stephen Janetzko

Tempo: ca. 130

G C G
1. Al-le re-den von der schö-nen Win-ter-zeit. Ü-ber-all, so heißt es, sei es

C F C
tief ver-schneit. Al-so, ich steh hier nur mit-ten-drin im Matsch oh-ne

G C *Refrain:* F
Schnee, statt-des-sen macht es nur plitsch-platsch. Lie-ber Win-ter, lass es schnei-en, lass es

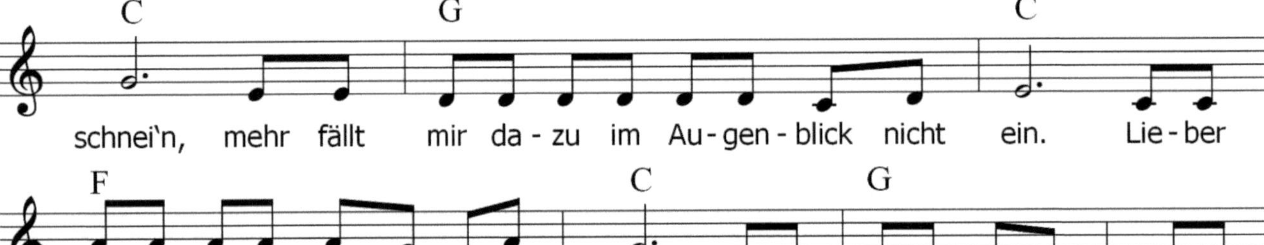

1. Alle reden von der schönen Winterzeit.
Überall, so heißt es, sei es tief verschneit.
Also, ich steh hier nur mittendrin im Matsch
ohne Schnee, stattdessen macht es nur plitsch-platsch.

Refrain:
Lieber Winter, lass es schneien, lass es schnei'n,
mehr fällt mir dazu im Augenblick nicht ein.
Lieber Winter, lass es schneien, lass es schnei'n,
überall um mich herum sollen weiße Flocken sein,
überall um mich herum sollen weiße Flocken sein.

2. Sag mal, lieber Winter, war das ein Versehen?
Oder musstest du schon ganz schnell weiterziehn?
Na, ok, ich mache halt das Beste draus,
ach, dann hüpf ich durch die Pfützen um das Haus.

Refrain: Lieber Winter, lass es schneien, lass es schnei'n …

3. Klar, das Pfützenspringen macht mir auch viel Spaß.
Dabei werd' ich manchmal richtig pitschenass.
Doch viel lieber wär mir jede Menge Schnee,
zwei, drei Flocken wär'n im Zweifel schon ok.

Refrain: Lieber Winter, lass es schneien, lass es schnei'n …

Schlaflied

Text: Lucia Ruf und Stephen Janetzko; Musik: Stephen Janetzko;

2. Schlaf, schlaf, schlaf nur ein,
ich werde immer bei dir sein.
Schlaf, schlaf, komm zur Ruh',
dies ist für dich mein La-le-lu.

3. Schlaf, schlaf, schlaf nur ein
im allerschönsten Mondenschein.
Schlaf, schlaf, komm zur Ruh',
dir fall'n doch schon die Äuglein zu.

Neues Jahr, bring uns Glück

Text und Musik: Stephen Janetzko

Neues Jahr, bring uns Glück,
führ uns weiter Stück für Stück.
Schenk uns Kraft, schenk uns Mut,
bitte mein es mit uns gut.
Lass die Liebe wieder wachsen,
lass die Zuversicht gedeih'n,
mögest du für uns alle
dann ein gutes Neujahr sein.

Zum Autor:

Stephen Janetzko

(Liedermacher und Verleger)

Mit einer 20-minütigen MC „Der Seebär" fing alles an, heute sind es weit über 600 Kinderlieder, die der gebürtige Hagener Liedermacher bereits auf über 50 CDs und in zahllosen Liedsammlungen veröffentlicht hat. Viele davon, wie „Hallo und guten Morgen", „Wir wollen uns begrüßen", „Augen Ohren Nase", „Das Lied von der Raupe Nimmersatt", „Hand in Hand" oder „In meiner Bi-Ba-Badewanne", werden heute gesungen in Kindergärten, Schulen und überall, wo Kinder sind.

... mehr Info, mehr CDs, Downloads/Streaming, ebooks, mehr Lieder & Noten:
www.kinderliederhits.de